MÉMOIRE

SUR L'ÉTAT SOCIAL

DE L'AFRIQUE INTÉRIEURE

PAR

M. LE Cte D'ESCAYRAC DE LAUTURE

Membre de la Commission centrale de la Société de géographie,

Chevalier de la Légion d'Honneur.

Lu par l'auteur à l'Académie des Sciences Morales et Politiques, dans les séances
des 2 et 9 février 1856.

Aperire terram gentibus.

PARIS

1856

MÉMOIRE

SUR

L'ÉTAT SOCIAL DE L'AFRIQUE INTÉRIEURE.

MÉMOIRE

SUR L'ÉTAT SOCIAL

DE L'AFRIQUE INTÉRIEURE

PAR

M. LE Cte D'ESCAYRAC DE LAUTURE

Membre de la Commission centrale de la Société de géographie,

Chevalier de la Légion.d'Honneur.

Lu par l'auteur à l'Académie des Sciences Morales et Politiques, dans les séances des 2 et 9 février 1856.

Aperire terram gentibus.

PARIS

1856

EXTRAIT DU COMPTE-RENDU
De l'Académie des Sciences Morales et Politiques,
RÉDIGÉ PAR M. CHARLES VERGÉ,
Sous la direction de M. le Secrétaire perpétuel de l'Académie:.

AVANT-PROPOS.

Le travail que j'ai l'honneur de communiquer à l'Académie, complète un ouvrage que j'ai publié il y a deux ans, et fait partie d'un mémoire assez volumineux, dont j'ai fait paraître déjà deux cahiers. Ce mémoire traite de la géographie, de l'ethnographie, de l'histoire, de l'état social et des institutions de l'Afrique intérieure. J'ai présenté à la société de géographie les portions de ce travail qui l'intéressaient plus spécialement. J'ai pensé que les détails, que j'étais à même de fournir sur l'état social et les institutions des peuples primitifs du Soudan, pouvaient être de nature, par les comparaisons qu'ils amènent, et les réflexions qu'ils font naître, à intéresser l'Académie des sciences morales et politiques. J'ai pensé que cette savante compagnie voudrait bien, en faveur de la nouveauté dés faits, excuser l'imperfection de la forme sous laquelle je les lui présenterais, et que peut-être mes investigations patientes trouveraient dans sa haute approbation la récompense que j'ambitionne le plus.

Etudier l'Afrique, c'est, en quelque sorte, étudier l'avenir de la France elle-même. L'Afrique n'est plus cette région fabuleuse que Le Tasse nous représente cultivée et fertile sur les bords de la mer, aride dans l'intérieur et peuplée de monstres :

> Sul mar, culta, e ferace ; addentro solo
> Fertil di mostri, e d'infeconde arene.

Cette partie du monde, si voisine de nous, s'en trouvait éloignée par des haines séculaires et par une crainte née du souvenir de nos antiques désastres. Lorsqu'au commencement de ce siècle, l'Égypte fut atteinte par nos armes, le prestige qui environnait ce monde inconnu tomba devant l'examen. Trente ans plus tard, l'Algérie devenait un appendice de la France.

C'est toutefois moins à la force de ses armes, qu'à la sagesse de ses conseils, à la prudence de sa conduite, que la France doit ses progrès en Afrique. A côté de l'Algérie, conquise par la force, mais soumise par la justice, se groupent l'Égypte régénérée, l'Abyssinie décrite, l'Afrique australe, visitée par des français dont le prestige de nos arts, de notre sagesse, ou de notre religion, protégeait et protége encore les lointaines entreprises.

Le Sénégal, dont la conquête pacifique datait de 1760, longtemps improductif et négligé, a repris aussi le rang qu'il devait tenir : une administration intelligente étudia les ressources de cette colonie, lui révéla des richesses qu'elle ne soupçonnait pas, et par l'introduction, en 1842, de la culture de l'arachide, servit à la fois les intérêts de la métropole et ceux de la colonie, l'industrie de Marseille et le commerce du Sénégal.

L'établissement, en 1843, des nouveaux comptoirs, d'Assinie, du grand Bassam et du Gabon, a donné les plus heureux résultats. Pendant quelques années, à la vérité, le comptoir du Gabon faisait peu d'affaires; mais cet état de choses paraît bien changé aujourd'hui. Il y a souvent pour les colonies comme une période d'incubation, dont les hommes d'État doivent savoir, avec patience, attendre le terme; ils ont travaillé pour l'avenir, l'avenir jouira du fruit de leurs travaux.

Ces comptoirs servent aujourd'hui de centres à des missions catholiques, qui, après avoir traversé de longues épreuves, paraissent en progrès. Des intrigues, des révoltes, ont agité récemment le Sénégal, mais elles n'ont eu d'autre résultat que de porter plus loin notre drapeau et le renom de notre puissance.

Dans la mer des Indes, d'autre part, nos établissements de Nossi-bé et de Mayotte, ainsi que le traité conclu, en 1844, avec l'imam de Maskate établi à Zanzibar, ont accru notre influence, développé notre commerce et facilité les investigations de la science.

Enfin, dans l'Afrique australe, et jusqu'à une distance de 250 lieues du cap de Bonne-Espérance, des missionnaires évangéliques français ont fondé douze missions, d'où le christianisme et les arts de l'Europe rayonnent et se répandent sur des peuples plongés jusqu'alors dans l'ignorance et la barbarie les plus profondes.

Ces missions, dejà assez anciennes, ont valu à la science plus d'un progrès. La géographie, l'ethnographie, l'étude des langues africaines, leur ont de nombreuses et grandes obligations.

La sage réserve qui préside aux relations des missionnaires avec les anglais du Cap et les boërs indépendants, l'influence qu'ils ont su acquérir sur les peuples qu'ils dirigent, assure l'avenir de ces établissements français.

Ainsi grâce à des efforts sages et prévoyants, grâce à l'énergie de quelques hommes d'élite, l'Afrique s'ouvre de tout côté devant nous, et doit, de plus en plus, attirer notre attention, devenir l'objet de nos études.

Février 1856.

Cte D'ESCAYRAC DE LAUTURE.

MÉMOIRE

SUR

L'ÉTAT SOCIAL DE L'AFRIQUE INTÉRIEURE.

La plus grande partie de l'Afrique est habitée par des races noires, ou des races brunes intimement mêlées aux premières. L'appellation de Soudan ou de Nigritie s'applique donc à la presque totalité de ce continent; nous n'en devons séparer, dans le nord, que les régences barbaresques, l'Egypte et le Sahara.

Au nord du 17° degré de latitude boréale, s'étend cet immense et monotone désert que les eaux du ciel n'arrosent pas, qui ne présente de végétation que dans quelques rares oasis, autour de quelque mare fangeuse ou de quelque source saumâtre; un petit nombre de nomades misérables et pillards parcourent ces solitudes que les caravanes ne traversent pas sans crainte.

Au sud du 17° parallèle, cependant, les pluies tropicales commencent à se faire sentir; le sol humide, fécondé encore par la chaleur de l'atmosphère, se couvre d'une luxuriante végétation. Ce ne sont partout que gras pâturages, forêts profondes et sombres, qui offrent, aux animaux les plus redoutables ou les plus utiles à l'homme, une subsistance abondante, des retraites impénétrables.

Sur cette terre féconde, la race humaine s'est multipliée

rapidement; elle a de bonne heure commencé à cultiver le sol, élevé des villages, fondé des sociétés et des gouvernements.

La région du Soudan, la plus voisine du désert, s'étendant du Sénégal à l'Abyssinie, sur une largeur moyenne de 150 à 200 lieues, a reçu des arabes le nom de Takrour, expression que l'on pourrait traduire par celle de « pays converti. » L'islamisme, en effet, y domine à peu près exclusivement. Depuis quelques siècles, il règne à l'ouest du lac Tchado; depuis 250 ans, il a commencé à se répandre à l'orient de ce lac.

L'islam a donné l'écriture aux peuples du Takrour; il leur a imposé des lois et procuré des relations nouvelles; il a étendu leur horizon, il les a préparés à la civilisation. Mais les états s'agrandissent en même temps que les peuples se développent, les guerres, grossies de conquêtes, succèdent aux expéditions qui ne produisaient que le pillage. Les seigneuries disparaissent, les grands empires se forment, empires autour desquels viennent graviter quelques petits Etats craintifs de leur colère, jaloux de leur protection et patients de leur joug.

Les événements ont suivi dans le Soudan comme partout cette marche naturelle, et tandis que le Soudan idolâtre est partagé encore en des milliers de principautés ou de républiques, les peuplades du Takrour, en échappant à la barbarie primitive, se sont groupées pour fournir quatre monarchies prépondérantes, qui se partagent à peu près tout l'espace compris entre les sources du Niger et la vallée du Nil-Blanc, embrassant ainsi une superficie égale au quart de l'Europe ou à quatre fois celle de la France : ce sont : à l'ouest du lac Tchado, l'empire des Fellatas et le Bornou; à l'est du même lac, le Waday et le Dar-Four.

Je n'oserais évaluer la population de ces Etats, ou, en

d'autres termes, fixer la densité de la population dans le Takrour ; ce problème présente une grande complication. Les villages du Takrour sont vastes et très-peuplés ; ceux qui servent de résidence à des princes ont souvent plusieurs journées de tour ; mais ces villages composés en général de huttes coniques, analogues à celles qu'habitaient nos ancêtres, les Gaulois, ne sont point très-nombreux et sont souvent séparés les uns des autres par des forêts inhabitables, difficiles même, et dangereuses à traverser. Les frontières des Etats sont des marches, c'est-à-dire des bandes de terrain dont la largeur varie entre une et dix journées, entièrement abandonnées aux bêtes fauves, parcourues seulement de temps à autre par des troupes altérées de pillage.

Du chiffre des armées nous ne saurions déduire celui des populations, parce que, dans les armées du Soudan, on ne tient compte que de la cavalerie. On dit, par exemple, que le Bornou ou le Waday peuvent mettre sur pied quinze mille cavaliers sans se préoccuper du nombre plus ou moins grand de fantassins malhabiles et mal armés qui peuvent les suivre.

Ce qui me porte à douter que la population du Soudan puisse être considérable, c'est que la propriété territoriale individuelle semble n'y exister à peu près nulle part. Les Soudaniens, ainsi que les Germains de Tacite, ne possèdent d'autre sol que celui de l'enclos qui entoure leurs cabanes. Le champ qu'ils ont semé ne leur appartient que jusqu'à la récolte. Depuis cette récolte jusqu'aux semailles prochaines il n'a point de maître ; le droit d'y semer s'acquiert en y plantant sa lance et en y semant le même jour.

L'empire des Fellatas et le Bornou sont les deux Etats les plus anciens du Takrour. Les Fellatas y ont joué jadis

le premier rôle; plutôt bronzés que noirs, ils sont plus
intelligents que leurs voisins. Convertis à l'islamisme avant
eux, ils les surpassent dans tous les arts et les ont longtemps dominés; leur puissance cependant est fort ébranlée
aujourd'hui, et le Bornou longtemps tributaire se relève
sous une dynastie nouvelle. Le Waday, converti et cons-
titué, il y a cent ans à peine, par son apôtre et premier roi,
Saleh, est encore plongé dans la barbarie: il s'étend néan-
moins chaque jour par des conquêtes, fruit de son audace
et de sa discipline; il a soumis à l'humiliation d'un tribut
le Kanem et le Baguermi qui l'ont précédé de près de
deux siècles dans l'islamisme. Son dernier roi, Chérif, chassé
du trône par un compétiteur audacieux, n'a repris possession de ses Etats que grâce à l'intervention morale du sultan
de Constantinople, et aux secours matériels, qu'en raison
de cette intervention, le sultan de Dar-Four consentit à
lui fournir.

Aujourd'hui cependant le Waday est devenu pour le
Dar-Four un voisin dangereux. Ce n'est pas que le Dar-
Four n'ait encore de bons chevaux et de braves cavaliers à
mettre en campagne, mais il est divisé par les rivalités de
quelques hommes puissants, et la royauté y a perdu toute
force et tout prestige. La mornarchie Dar-Fourienne n'est
pas plus ancienne que celle du Waday; c'est un bédouin,
nommé Soliman Solon, qui l'a fondée il n'y a pas cent ans;
déjà cependant elle menace ruine, tandis que la monarchie
wadayenne est pleine d'avenir.

I.

GOUVERNEMENT.

Despotisme tempéré par le Coran.

La forme la plus ordinaire du gouvernement dans le Takrour, comme dans le monde musulman en général, est le despotisme. Ce despotisme cependant reconnaît une limite, car le peuple ne le souffre qu'à la condition que le Coran soit le Code et la Charte de l'Etat; cette garantie doit être respectée avec d'autant plus de soin, qu'elle est seule. Montesquieu ne voit au despotisme qu'un écueil, la manie de changer les coutumes du peuple.

Les princes du Takrour, en réduisant quelques petits chefs à leur payer tribut, ont acquis des vassaux qui ne sont point dangereux; le sol n'étant pas la propriété exclusive d'un petit nombre, il y a peu d'hommes riches ou puissants que le gouvernement doive redouter. Mais les dynasties soudaniennes ont dû à l'islamisme leur grandeur ou leur consécration; elles sont tenues d'y rester fidèles, et le peuple ne leur obéit que tant qu'elles-mêmes obéissent au Coran et se montrent dociles à la voix de ses interprètes.

Ces interprètes sont les eulemas; le prince doit les consulter sur toutes les affaires de quelque importance, leur fetwa ou décision suffit à tout justifier et peut tout compromettre.

Pouvoir des esclaves.

Le souverain choisit du reste ses agents, soit parmi ses enfants, soit parmi ses esclaves.

Les esclaves, très-nombreux dans le Soudan, y sont

pour la plupart, comme chez les Romains et dans nos colonies, employés à la culture des terres et à divers travaux ; il est rare, dans le Soudan, qu'un homme libre consente à travailler lui-même.

Quelques esclaves cependant, appelés à exercer des fonctions domestiques, peuvent s'élever dans la confiance de leurs maîtres ; ces esclaves appartiennent presque toujours à des races particulièrement estimées. C'est ainsi que les Sarwa sont traités avec beaucoup de faveur dans le Baguermi. On peut dire, en thèse générale, que la faveur accordée à l'esclave est d'autant plus grande, que sa race diffère moins de celle de son maître ; partout, comme chez les Juifs et les Romains, le débiteur contraint de se vendre, est traité avec bonté par son concitoyen, devenu son maître, ou vengé par le peuple des injures qui lui sont faites.

Nous voyons, chez les Romains, les esclaves domestiques s'élever du gouvernement de la maison de leur maître au gouvernement même de l'Etat ; l'orgueil proverbial de la maison Claudienne n'empêcha pas Tibère et son successeur d'être conseillés et menés par leurs affranchis. Sans doute, aux temps de la grandeur romaine, les citoyens plus jaloux de leur gloire n'eussent pas supporté patiemment une telle injure ; Claude cependant rappela un jour aux sénateurs que dès les premiers temps de la république, des affranchis y avaient joué un rôle important. L'Egypte ancienne nous montre Joseph surgissant de la servitude, pour devenir l'arbître de l'empire. L'Égypte musulmane a été longtemps possédée par des mamelouks, sorte de milice recrutée par la servitude, et l'empire ottoman regorge d'esclaves qui règnent sur les enfants de leurs maîtres. Quelques esclaves noirs tiennent, dans le Soudan, la place que les mamelouks tiennent dans tout l'Orient, et que les affranchis occupaient à Rome.

Je citerai, parmi ceux qui ont acquis quelque célébrité, Barka-Gana qui commandait l'armée du Kanemi, à l'époque à laquelle Denham et Clapperton visitèrent le Bornou ; Kadjalla-Taé qui la commandait auparavant ; Fatcha-Kano, Abd-Allah-Gabadna, Mbarama, etc., qui figurent dans l'histoire du Baguermi ; le Khalifa Deldoum, qui usurpa sur Hachim de Gimir la vice-royauté du Kordofan et disputa la royauté du Dar-Four à Abd-er-Rahman II, etc.

L'affranchissement est regardé, dans le Soudan, comme une formalité oiseuse, ou comme l'injuste rupture d'un lien qui ne doit jamais être brisé. Ainsi Barka-Gana, quoique à la tête d'une armée, dut reconnaître le pouvoir du Kanemi sur sa personne, et s'humilier devant cet homme remarquable qu'il avait offensé, et qui lui pardonna facilement.

Souveraineté du Padichah.

En théorie, l'islame ne peut avoir qu'un chef, qui est le Khalife ou vicaire du prophète ; pour être légitime, ce Khalife doit être musulman, mâle, majeur, sain d'esprit, de condition libre et de la tribu arabe de Koreïch.

Dans la pratique, le monde musulman est divisé entre une multitude de souverains, qui se prétendent tous Khalifes, bien que la plupart d'entre eux ne soient pas issus de la tribu de Koreïch.

Le Padichah des Turcs est le plus puissant de tous ces Khalifes ; il a pour lui l'éclat et le prestige d'un passé glorieux. La race turque a été maîtresse de l'Algérie, elle domine encore à Tunis, à Tripoli, en Egypte ; le Padichah a le titre de protecteur des villes saintes de la Mecque et de Médine ; enfin, la plupart des musulmans croient que les princes, ou comme ils disent les krals chrétiens, en reçoivent l'investiture et lui paient tribut. On ne s'étonnera donc pas si les princes du Soudan, le regardant comme le maître du monde, le véritable partageur (padichah) des couronnes, s'adressent quelquefois à lui dans leurs embarras, et à défaut d'un appui matériel, qu'il ne saurait leur prêter, aient recours à son appui moral. C'est ainsi que Chérif, sultan du Waday, fut rétabli dans ses Etats par une armée fourienne, sur l'ordre ou l'invitation du sultan de Constantinople ; les princes soudaniens paraissent même se prêter à recevoir du Padichah l'investiture de la royauté. Le pacha de Tripoli jouit, dans le Soudan, d'une grande influence ; il en est de même du pacha d'Égypte qui cherche à y étendre le renom de sa puissance. Le sultan du Maroc jouit aussi de quelque crédit à Tenboctou, comme parmi les Fellatas, et de tous ceux qui commandent à l'Afrique méditerranéenne, les maîtres de l'Algérie sont les seuls que le Soudan ne connaisse pas et ne consulte jamais.

L'origine de la royauté dans le Soudan comme partout a été l'élection ; les rois élus ont légué à leurs enfants ou à leurs frères le pouvoir dont on leur avait confié l'exercice. En général, le personnage le plus âgé de la famille royale a succédé au trône, à l'exclusion même des enfants du roi décédé. Cette coutume est celle des Arabes et des Turcs ; les Soudaniens, s'ils ne la suivaient déjà, ont dû l'adopter, dès qu'ils se sont trouvés en rapport avec d'autres musulmans.

Chez eux, comme chez les Arabes et les Turcs, le pouvoir est souvent disputé les armes à la main par plusieurs rivaux, dont les droits paraissent se balancer. Le vainqueur fait alors aveugler les vaincus, ou bien il leur fait couper l'oreille ou trancher la main. En les stygmatisant de la sorte, il les rend indignes de régner et n'a plus à les craindre. C'est ainsi que nos premiers rois faisaient tondre leurs rivaux, ce qui valait assurément mieux que de les faire périr.

Dans le Soudan, du reste, les attentats politiques sont en général punis avec peu de rigueur, parce qu'ils ne sont commis que par des hommes puissants, qu'il est bon de ménager. L'exil dans les monts Marrah, fut le seul châtiment du khalifa Deldoum, qui avait menacé le trône d'Abd-er-Rahman II ; le khalifa fut même rappelé plus tard par Fadel, qui, comme beaucoup de princes, se piquait de faire en tout le contraire de ce qu'avait fait son prédécesseur.

Si la perte de la vue, celle d'une oreille où d'une main excluent du trône, une défaite honteuse, la fuite pendant le combat, la perte de la liberté en excluent bien davantage encore ; les noms des princes qu'atteignent de tels malheurs, sont retranchés des listes royales et condamnés à l'oubli.

Le seul exemple de l'usurpation de la royauté par une maison nouvelle nous est offert par le Bornou où règnent aujourd'hui les descendants de Mohammed-Niñgami ; cette usurpation n'a pu s'accomplir que par l'effort patient de trois générations de maires du palais : elle rappelle par quelques traits l'usurpation carlovingienne.

Les capitales ou plutôt les résidences royales, changent souvent dans le Soudan. Ainsi le Bornou a eu successivement pour capitales : Gasr-Goumo, Angala, Angornou, Kougawa ; le Waday : Nimro, Tara, Oulad-Ali, Wara, Am-Bache ; le Dar-Four : Bir-Nabak, Rich, Teldawa, Kabkabieh, Kobe, Tendelt ; les Fellatas depuis quelques

années : Sokkoto et Wurno; le Kordofan : Bara et Lo-
beidh, etc.

Nos anciens rois changeaient aussi volontiers de capitale, tant la barbarie se ressemble partout, et pour ne
parler que de ceux de la seconde race, Charlemagne se
tenait à Aix, Louis le Débonnaire à Thionville, Charles
le Chauve à Compiègne, Louis d'Outremer à Laon, etc.

Les peuples barbares du Soudan et leurs rois changent aisément de capitales et de palais, parce que la capitale est un village de paille ou de boue, et que le palais
n'est qu'une grande hutte. Les peuples civilisés sont en-
chaînés à leurs résidences, parce que ces résidences sont
le fruit du génie et du travail des siècles.

Le signe du pouvoir royal, dans le Soudan, me paraît
être le tambour que les noirs appellent tombol (1) à peu
près partout, et que les Arabes connaissent sous le nom
de nogara. Ces tambours, construits en bois éntouré de
cuir, et assez ordinairement de cuir d'hippopotame,
jouent sur le champ de bataille le rôle des enseignes; on
doit les suivre partout, les entourer, les défendre jusqu'à
la mort; leur vacarme anime au combat, annonce la victoire; ils ne se taisent que si l'ennemi s'en empare; leur
silence indique la défaite et donne le signal de la déroute.

(1) C. tympanum, tymballe.

II.

ART DE LA GUERRE.

Ligues.

La guerre est l'état normal du Soudan comme celui de toutes les contrées barbares ; les douceurs de la paix sont refusées à des peuples qui ne connaissent point la foi des traités ; ils ne peuvent jouir que de ces trèves passagères qui naissent de la fatigue ou du découragement.

Mais bien qu'il n'y ait pas de traités, il existe, en outre des relations de suzerain à vassal, établies par la victoire et maintenues par l'appareil de la force, quelques rapports de bon voisinage ou même d'alliance tacite entre divers États du Soudan ; la communauté d'origine est pour beaucoup dans ces alliances qui divisent le Soudan en un certain nombre de ligues opposées les unes aux autres.

La connaissance exacte de ces ligues est indispensable à celui qui veut parcourir le Soudan. Bien accueilli par un prince, il est assuré d'une réception pareille auprès de tous ceux qui font partie de la même ligue ; il a tout à redouter, au contraire, de la part de ceux qui appartiennent à des groupes différents. Veut-on, par exemple, se rendre de Baguermi dans le Batha, il faut passer par le Fitri : on ne traverserait pas sans danger le Médogo ; le Fitri, en effet, entretient avec le Baguermi des relations de bon voisinage, tandis que le Médogo en est éloigné par des haines séculaires. Plus d'un explorateur a dû ses échecs, dans le Soudan, à l'ignorance de cette situation politique qui n'est pas particulière à l'Afrique, mais commune à toutes les contrées barbares.

Les peuples du Soudan ne connaissent encore que la

guerre héroïque. Nous examinerons d'abord les armes offensives et défensives dont ils font usage, ensuite leur tactique rudimentaire, enfin leur manière de fortifier et d'attaquer les places.

Armes offensives et défensives.

Les armes offensives par excellence des Soudaniens, sont la lance et le javelot, qui n'en diffère habituellement que par un peu moins de longueur.

D'après la forme du fer, on distingue plusieurs espèces de lances ou de javelots, l'am-chéri du Waday et l'ab-kreïcha (ac. kerch, kreïcha, boyau) ont un fer ovato-lan-céolé ; le girgid (pluriel garagid) du Dar-Four porte, au-dessous d'une lance semblable, des barbelures dirigées ver le fer. Le bellem (i.e. tu pleureras) du Kanem a le même fer, des barbelures, et entre le fer et les barbelures, un croissant dont la convexité est tournée vers le haut. Le for présente un fer en forme de losange allongé, le dara-doro du Dar-Four y ajoute un croissant analogue à celui du bellem. Les Tibous Gôraân et Kreïcha, font usage de javelots à lame sagittée dont le manche est hérissé de bar-belures de plusieurs sortes. Les Ab-Djenoub font usage d'une lance ou javelot dont le fer n'est pas symétrique et fait crochet d'un côté. Les Kouba se servent de javelots sans lance, la pointe en est barbelée sur une certaine longueur ; on dit que les Kouba en font rougir au feu l'extrémité, avant de les lancer sur l'ennemi.

Enfin l'on se sert, dans presque tout le Soudan, d'une lance ou javelot, dont le fer long et délié est séparé de la hampe par un bloc de bois ordinairement cubique ; le fer de cet arme pénètre dans l'intervalle des mailles du hau-bert et perce la saye ou vêtement ouaté ; le bloc de bois a pour objet de l'arrêter, et peut-être aussi de porter un peu plus en avant le centre de gravité de l'arme, ce qui en assure mieux la direction.

Le javelot est rarement jeté horizontalement ; on le lance suivant un angle qui varie avec la distance, de sorte que ses coups sont ordinairement plongeants ; un guerrier exercé plante ainsi son javelot sur le crâne même de son ennemi.

Les Soudaniens se servent de la grande épée droite à poignée en croix des Arabes et de nos anciens chevaliers ; cette épée est l'arme principale de la cavalerie fourienne, moins bien armée que celle du Waday, et surtout que celle des Etats occidentaux.

Les Soudaniens se servent aussi de la masse d'armes et de la hache d'armes. Leurs arcs ont de quatre à cinq pieds de longueur; leurs flèches sont petites et légères, presque toujours barbelées, souvent striées, ou évidées et empoisonnées.

Le poison des flèches est préparé par des gens dont c'est la spécialité et qui font mystère de leurs recettes. On connaît deux espèces de poison : la première ne détermine pas nécessairement la mort ; on n'a pas trouvé de remède au second appelé pour cela mouga ou bornou, koulouma dans l'Afnou, c'est-à-dire sourd (impitoyable). Le vulgaire croit que ce poison est extrait de la chair corrompue d'un serpent très-venimeux.

On s'emparerait de ce serpent en dressant sur sa route habituelle un rasoir; le serpent se couperait en deux en passant sur cet obstacle. : *Equidem plura transcribo, quam credo : nam nec affirmare sustineo de quibus dubito ; nec subducere quæ accepi*, dit Q. Curce à propos d'une histoire analogue.

L'archer ne touche, m'a-t-on dit, le fer de ses flèches

empoisonnées qu'après avoir pris la précaution d'oindre ses mains d'une pommade appelée par les Tibous mòs-kòtol.

L'archer isolé, marchant courbé ou gagnant du terrain en sautillant, cherche à s'adosser à quelque obstacle; il ne craint point, en effet, d'être attaqué en face, il porte un carquois sur l'épaule gauche ; il y puise à la fois sept ou huit flèches, il en prend deux entre ses doigts, et tient les autres entre ses dents. Pour tirer, il place son arc horizontalement devant lui, et le bande en glissant sur la corde une des deux flèches qu'il a placées entre ses doigts, tandis qu'il retient la seconde.

Avant de tirer, il fait habituellement quelques feintes; il menacera, par exemple, deux cavaliers, avant de tirer sur un troisième ; la rapidité du tir est extrême. La force déployée dans cet exercice est si grande, que les archers portent une pièce de cuir au bras droit, pour ne pas se blesser, lorsque la main retombe après avoir lâché la corde. Je crois, en définitive, que le tir de l'arc est très-efficace ; il est plus rapide que celui du fusil de munition, qui ne peut tirer que cinq coups par minute, et au moins aussi sûr, puisqu'il n'est pas gêné par la fumée. J'ajouterai que la trajectoire de la flèche est très-rasante ; j'ignore son maximun de portée, mais je le crois assez fort. Nous voyons dans Tacite que les machines de Corbulon, qui portaient, sans doute, à un millier de pas, frappaient plus loin que les flèches des Parthes, mais il ne paraît pas que ce fut de beaucoup.

Les Soudaniens possèdent encore une arme de jet, d'un genre tout particulier : c'est une sorte de serpe à deux tranchants, quelquefois double, emmanchée de façon à rebondir, si elle touche la terre; on cherche, en la lançant, à lui imprimer un mouvement circulaire, de façon à ce

qu'elle atteigne plus d'un ennemi. Cette arme qui déchire
le corps nu des fantassins et tranche le pied des chevaux,
est considérée comme très-redoutable, mais le jet en étant
incertain, on ne peut s'en servir avec succès que contre
des groupes assez nombreux; de plus, sa confection étant
longue et difficile, ce qui ne convient guère à une arme de
jet, les cavaliers riches en font seuls usage; ils en portent
toujours un certain nombre suspendues à l'arçon de leur
selle. Denham a représenté cette arme dans l'atlas de son
ouvrage, sous le nom de honga-monga. D'après mes
propres renseignements, cette arme serait nommée au
Bornou, ngalio; au Mandara et dans le Kotoko, zouga;
par les Arabes du Waday et du Dar-Four, koubatch; par
les Fertit, toutoumané; au Baguermi, ndjiga; il en existe
du reste plusieurs variétés; un ndjiga un peu plus compliqué s'appelle, au Baguermi, ila-kaga; et en arabe de-
neb-en-nemer (i. e. queue de tigre); un ndjiga, plus compliqué encore (double à ce que je crois) et muni d'une
pointe en avant, s'appelle, au Baguermi, ndjiga-kwân.

On se sert aussi d'une sorte de serpe captive, ou de croc
retenu par une courroie pour renverser les chevaux, dans
les jambes desquels on lance cette arme.

Les armes défensives des Soudaniens sont le casque,
la cuirasse, les brassières, la cotte de mailles, la chayeh et
le bouclier.

Les Soudaniens ont reçu des Arabes leur casque, leur
cuirasse et leur cotte de mailles; le casque diffère peu de
la calotte normande; il est souvent terminé à son sommet
par une pointe de fer; souvent aussi, il est pourvu d'un
nasal mobile et d'une bordure de mailles, destinée à cou-
vrir les oreilles et le cou, la cotte n'ayant pas de capu-
chon.

La cuirasse est formée de plusieurs plaques métalliques,

tantôt attachées sur du cuir, tantôt clouées les unes sur les autres. La cotte descend jusqu'aux genoux, et est pourvue de demi-manches.

La chayeh ou libada des Arabes est notre ancien gaubeson ; c'est un vêtement ouaté et piqué à l'épreuve de toutes les lances, flèches et javelots dont le fer n'est pas très-délié.

On couvre souvent le poitrail des chevaux d'une chayeh particulière, appelée, au Dar-Four, detel ; quelquefois aussi les chevaux sont bardés de fer.

Le bouclier est l'arme défensive de l'infanterie ; les cavaliers arabes n'en ont jamais fait usage que dans les tournois : aussi les mots arabes, ters et derega, qui veulent dire bouclier, sont-ils pris souvent dans le sens de fantassin.

Le bouclier arabe, de forme allongée, est employé par les Fouriens comme par les Nouba ; ceux de Dongolah l'appellent karrougé, ce qui est probablement une corruption de l'arabe Derega ; ils en distinguent deux espèces, le farradi qui est d'un ovale peu allongé, et le kokab qui est plus long et de forme ovato-lanceolée ; ces boucliers sont de cuir d'antilope, tendu sur un châssis de bois léger.

Le bouclier du Waday affecte la forme d'un triangle isocèle, comme notre ancien écu, mais il est plus grand et se porte dans le sens opposé, c'est-à-dire la pointe en haut. Ce bouclier est en cuir d'antilope, de girafe, de buffle sauvage ou d'éléphant ; les boucliers de buffle sont les meilleurs, ceux d'éléphant étant très-lourds, ne sont pas employés dans la guerre de campagne.

Les boucliers du Médogo, larges à la base, échancrés dans le milieu et terminés en pointe, sont fabriqués avec des herbes ou des roseaux habilement tressés ; ils sont à la fois solides et légers ; je les crois à peu près plats.

Les boucliers des Bidouma de Karga, sont moins échancrés que ceux du Médogo, et leur partie supérieure est arrondie ; on les fabrique d'un bois léger, dont les pores se resserrent, et qui devient impénétrable, dès qu'il est mouillé ; les Bidouma doivent donc avant de combattre, le tremper dans l'eau, ce que leur position sur les bords ou au centre d'un vaste lac, leur permet toujours de faire ; mais il est évident que s'ils se hasardaient dans les déserts qui bornent le Kanem, leur bouclier leur serait de peu de secours. Comme il est assez léger et n'a pas de corde d'attache, ils le portent sous le bras lorsqu'ils sont en marche.

La longueur de tous ces boucliers varie entre trois et cinq pieds. Les Africains leur donnent plus de largeur à la base qu'au sommet, parce qu'ils s'accroupissent souvent derrière lui, qu'ils veulent y trouver un point d'appui solide, qu'ils combattent d'ordinaire les jambes écartées ; qu'enfin il résulte de cette forme, que le haut des boucliers laisse des créneaux par lesquels les archers ou les fusiliers, qui se glissent en arrière des lignes, peuvent tirer sur l'ennemi.

Tactique.

On ne peut que, faute d'un nom plus convenable, qualifier d'armées les rassemblements formés dans le Soudan en temps de guerre ; il n'y a de troupes permanentes, de troupes exercées, que dans quelques Etats du Soudan, et encore ces troupes, très-peu nombreuses, ne sont-elles préposées qu'à la garde du souverain, dont elles sont simplement la maison militaire.

La nouvelle de la guerre est habituellement portée dans les villages par des hérauts, chargés d'appeler le peuple à prendre les armes. On se servait autrefois du cor pour convoquer le ban et l'arrière-ban ; les hérauts africains se servent dans le même but d'un cornet dont les notes aiguës sont entendues à de grandes distances. Les chefs se hâtent alors de réunir leurs vassaux, leurs serviteurs, leurs esclaves, et de se rendre au lieu où le rassemblement doit se faire.

Nous pouvons distinguer, dans un rassemblement de cette espèce, cinq éléments principaux, à savoir : les archers, les fusiliers, les piquiers, les cavaliers légèrement ou pesamment armés.

Les archers sont habituellement une troupe auxiliaire ou servile : ce sont les Etats idolâtres qui fournissent d'archers. Les grands Etats musulmans du Soudan, le Waday et le Dar-Four paraissent n'en pas avoir ; les fusiliers, peu nombreux, sont en général des Arabes, des Touaregs, ou ce qu'on appelle des Maures, c'est-à-dire des gens de l'Afrique septentrionale et occidentale.

Les piquiers forment l'infanterie de ligne et la principale masse, sinon la principale force des armées.

Les cavaliers légèrement armés sont des Arabes.

Les cavaliers, pesamment armés, sont des chefs arabes, des chefs noirs, les serviteurs de ces chefs et quelques personnages riches ; on les appelle, en arabe, libadi, parce qu'ils portent presque tous la libada ou gaubeson ; ils sont la force principale des armées : c'est à eux qu'il appartient de décider la victoire.

Lorsqu'on approche de l'ennemi, les archers, sorte d'infanterie légère ou de tirailleurs, se portent en avant et engagent l'action qui se continue par les piquiers, formés sur une ou deux lignes profondes ; ces piquiers ont peu de consistance et peu de mobilité : on peut cependant leur faire former l'orbe pour résister à la cavalerie.

Lorsque les archers et les fusiliers sont repoussés, ils se

réfugient, comme je l'ai dit, en arrière des piquiers et tirent par les créneaux que les boucliers de ceux-ci laissent entre eux.

Les libadis, formés ordinairement en seconde ligne, et suivis des cavaliers légèrement armés, formés en troisième ligne, saisissant un moment favorable, se précipitent sur l'ennemi probablement par des ouvertures ménagées à l'avance dans la première ligne ; reçus par les piquiers, ils ont bientôt à supporter le choc des libadis ennemis ; alors commence la véritable bataille qui devient bientôt une mêlée générale.

Les libadis chargent souvent par bandes plus ou moins nombreuses, dont chacune reconnaît un chef, et qui rappellent les scarres de l'ancienne *bataille* française.

On m'a assuré qu'au Bornou, les libadis se plaçaient toujours en première ligne, les derega (.i.e. boucliers) ou piquiers en seconde ligne, et les archers sur les flancs.

Les Soudaniens n'ayant pas d'artillerie, font, ainsi que les anciens, peu de cas des positions dans la guerre de campagne ; le Kanemi cependant vaincu par les Baguermiens s'arrêta à Léderi, et y occupa une forte position dans laquelle il livra une bataille défensive, qui se termina par la défaite et la déroute de l'armée baguermienne.

Je n'ai rien à dire sur la marche des armées soudaniennes, qui s'effectue sans beaucoup d'ordre ; j'observerai seulement que lorsqu'il s'agit d'effectuer un passage de rivière, ce qui ne peut avoir lieu qu'à un gué, la cavalerie se répand sur le bord de la rivière, y fait entrer ses chevaux, et en sonde le fond avec des lances ; dès qu'un cavalier a trouvé une tête de gué, les autres se rapprochent de lui et achèvent sa découverte. Cette manière de procéder est exactement celle des Cosaques, tant il est vrai que par toute la terre, les hommes mus par les mêmes désirs, conduits par les mêmes raisonnements, sont amenés par la nature même des choses à suivre les mêmes voies.

C'est à la suite d'un passage de rivière aussi bien exécuté qu'inattendu, que le sultan du Waday, Chérif, tomba sur les derrières d'Omar, le battit complètement et coupa toute retraite à son armée.

Positions fortes. Places attaquées.

Dans le Soudan, comme partout, la possession des plaines est souvent disputée. Les peuples qui les habitent n'ayant de force que dans leur nombre, sont souvent défaits et quelquefois détruits; les frontières des divers Etats, théâtre fréquent de luttes acharnées, deviennent des marches, des déserts.

Les montagnes cependant, asile des plus faibles, dernier refuge des vaincus, opposent à la rage des oppresseurs des obstacles devant lesquels elle doit presque toujours s'arrêter. Les îles et les archipels des grands lacs jouissent d'une immunité pareille ; on ne pénètre dans les montagnes que par des gorges d'un difficile accès et dont la recherche est pleine de périls. On n'atteint de même les îles des lacs africains, qu'en suivant des gués variables suivant la saison ; difficiles à découvrir, sinueux, traversés par des canaux profonds ou interrompus par des gouffres, on ne saurait poursuivre, sur un terrain si dangereux, un ennemi qui en connaît toutes les ressources ; ainsi les Égyptiens périrent en s'engageant sur une route que Moïse et les hommes de Gessen venaient de suivre.

Il résulte de ce que je viens de dire, que la population

des hautes montagnes et celle des archipels lacustres du Soudan, peut en général être regardée comme autochtone, et que la population des plaines sans défense présente, au contraire, un problème ethnologique assez compliqué.

Les montagnards ne se contentent pas toujours de la défense naturelle que leur offre le relief du terrain ; quelquefois ils entourent leurs villages, ou l'entrée de leurs défilés d'un rideau ou d'un labyrinthe d'arbres épineux ; c'est à une disposition de cette nature que les Tamiens doivent la conservation de leur indépendance. Le sultan du Waday, Chérif, désireux de les soumettre, parut, il y a quelques années, devant leurs montagnes ; les taillis épineux qui en gardaient la base ne lui permirent pas d'y pénétrer ; c'est en vain qu'il tenta de les incendier, l'arbuste épineux dont ils étaient principalement formés, appelé am-dourou par les Arabes, et dousou-gara par les gens du Bornou, ne prenant pas feu facilement, et les Tamiens étant toujours prêts à tomber à l'improviste sur les incendiaires ; Chérif se résolut donc à bloquer les Tamiens ; ceux-ci cependant défiant la surveillance de ses soldats, se glissaient de nuit, isolément ou par bandes, par les sentiers étroits de leur labyrinthe, jusque dans la plaine, pénétraient dans le camp même de Chérif, assassinaient ses officiers presque sous ses yeux, ou se portant à de grandes distances, enlevaient à des villages wadayens, éloignés de plusieurs journées de marche, des troupeaux de bœufs qu'ils amenaient dans leurs montagnes, sans être aperçus. Les signalait-on, ils disparaissaient au moment où l'on pensait les atteindre, et c'était courir à une mort certaine que de les suivre dans leurs sentiers ; ces sentiers, en effet, ont si peu de largeur que non-seulement on ne peut y engager qu'un homme de front, mais qu'encore pour n'être pas déchiré ou plutôt arrêté par les épines, cet homme doit tour à tour marcher de côté ou ramper. C'est pourquoi, après quelques mois d'un blocus inutile, et après avoir essuyé les pertes les plus sensibles, Chérif offrit la paix aux Tamiens et regagna sa capitale.

Les palissades sont fort usitées dans le Soudan. Au Bornou, on emploie à faire ces défenses le bois d'un arbre appelé en Kanouri, kabi ; en Balébeli, dachi ; cet arbre qui est très-vivace et n'a pas d'épines, donne une gomme odorante qui ressemble à la myrrhe.

On fait également usage des trous de loups, des petits piquets, des chausse-trappes et des abattis épineux.

Les Fouriens et les Wadayens n'entourent pas leurs villes de murailles, comme les Soudaniens occidentaux ; ces derniers ont emprunté aux Arabes leur ancien système de fortification. Leurs enceintes sont habituellement carrées ; au milieu de chaque côté s'ouvre une porte flanquée d'une ou deux tours saillantes, de forme quadrangulaire. Les Soudaniens qui élèvent des tours pleines, ne sauraient, comme les Arabes, placer les portes sur les flancs mêmes des tours, et ces tours étant peu nombreuses, les murailles ne se trouvent pas flanquées suffisamment.

Les Soudaniens cependant en rendent l'approche difficile, au moyen des défenses dont j'ai parlé plus haut, et par un fossé assez profond quelquefois inondé, et dont les déblais servent de base aux murailles ou fournissent les matériaux nécessaires à leur construction ; les murailles sont donc formées de terre mêlée de pierres, de broussailles ; soutenues quelquefois par un clayonnage grossier ou par un revêtement plus solide, elles sont assez hautes pour défier l'escalade, et leur épaisseur est souvent considérable ; dans quelques parties du Soudan, elles sont revêtues d'un enduit gras d'argile ou de fumier, qui les

préserve de l'action destructrice des pluies intertropicales ;
quelquefois aussi le sommet, des murailles est couronné
de créneaux.

Loggone capitale du Kotoko, et Achanama capitale des
Tibous dans le désert, passent pour des places très-fortes.
D'après un informateur Tibou, Achanama serait double ;
il y aurait la ville commerciale située dans la plaine, et
la forteresse bâtie sur la montagne ; cette forteresse, de
forme carrée, aurait deux portes, une plus petite au sud,
et une plus grande au nord, destinée aux bestiaux ; il
existerait, en dedans de l'enceinte, un puits profond de
cinquante coudées.

Je n'ai pas besoin de dire que l'art des siéges est peu
avancé chez les Soudaniens ; toutefois ils font usage de
tranchées pour loger leurs archers, dont le tir inquiète
les défenseurs, et les oblige à abandonner les parapets.
Quelques hommes d'élite s'avancent alors en se couvrant
de leurs boucliers, comblent les fossés à l'aide de fascines,
forment la tortue et s'approchent des murailles ou des
portes, qu'ils renversent à coups de pioche, ou rompent
à coups de masse ; si l'escalade n'est pas possible, les as-
siégés se défendent alors en faisant pleuvoir sur l'ennemi,
qui les serre de si près, des pierres, des pièces de bois, de
l'eau bouillante.

III.

RELIGION.

Son origine.

Le spectacle admirable de la nature d'une part, et de l'autre la conscience qu'il a de sa propre faiblesse, amène l'homme à croire à l'existence d'un ou de plusieurs êtres, créateurs du monde et arbitres de la destinée.

Ignorant les lois de la nature, l'homme primitif ne voit partout que des prodiges nés de quelque caprice d'une divinité faite à son image ; agité tour à tour par la crainte ou le désir, il s'adresse à cette divinité, cherche à détourner par des conjurations les malheurs qui le menacent, à mériter par des offrandes et des prières les biens qu'il convoite.

Cette marche naturelle de l'esprit humain vers la religion, est-elle un transport soudain ou seulement une course plus ou moins rapide, j'hésite à me prononcer sur une si grave question ; il me semble, toutefois, qu'il existe dans le monde, quelques peuples, à l'esprit desquels l'idée d'une puissance suprême ne s'est pas présentée encore ; les premiers missionnaires en signalèrent en Amérique, les missionnaires actuels en rencontrent encore sur le fleuve Blanc.

D'abord vague et indécis, le sentiment religieux arrive bientôt à se formuler en dogmes, à se traduire par un culte. Ces dogmes et ce culte se compliquent, pendant des siècles de barbarie, et deviennent ensuite plus simples et plus purs, à mesure que l'humanité s'éclaire davantage ; la superstition alors se voit exilée des temples, mais comme l'esprit du vulgaire en est avide, elle ne périt point. Repoussée par les dieux, elle se place sous l'invocation des esprits infernaux, et arrive à constituer ce que nos pères appelaient la Magie.

Cultes antéislamiques. Islam.

Les peuples idolâtres du Soudan n'ont pas fait le principal objet de mes recherches, leur culte ne m'est qu'imparfaitement connu ; il m'est toutefois permis de supposer qu'il diffère peu de celui qui, dans le Baguermi, a précédé l'islamisme.

Antérieurement à Bañ Malo, premier souverain musulman du Baguermi , les habitants de Masña invoquaient une divinité appelée Merem-Dida ; ils lui avaient consacré une idole, ou plutôt un fétiche de bois de harez, terminé par une tête humaine, imparfaitement dégrossie.

Tels sont partout les objets du culte primitif :

......Simulacra mœsta deorum
Arte carent, cœsisque exstant informia truncis (Lucain).

La Diane d'Ephèse n'était elle-même dans l'origine qu'une souche ou qu'un tronc d'arbre : « Les anciens, dit « Clément d'Alexandrie, n'érigèrent d'abord que des po- « teaux de bois ou des colonnes de pierre à leurs dieux ; « lorsque ces simulacres grossiers étaient polis, on les « nommait Choanes , et dans la suite, lorsqu'on les « transforma en figures humaines, ils reçurent le nom de « Bretés. »

Tibulle, regrettant ce culte grossier, compagnon de la

simplicité et de la bonne foi des premiers âges, s'adresse ainsi aux dieux :

Nec pudeat prisco vos esse e stipite factos ,
Sic veteris sedes incoluistis avi.
Tunc melius tenuere fidem, cum paupere cultu
Stabat in exigua ligneus œde deus.

Dans toute l'Afrique, on retrouve des dieux pareils à Merem-Dida ; on en pourrait dire autant au sujet de l'Océanie ou de l'Asie ; les fétiches des Lapons eux-mêmes, Wirku-Accha, Toron, etc., ne sont pas autre chose.

Le fétiche de Merem-Dida, mal posé ou mal soutenu, tomba plusieurs fois pendant les premières années de son existence. Le peuple ému par le fréquent retour d'un si lugubre présage, voulut s'éclairer sur ses causes et en conjurer les conséquences funestes ; un devin célèbre fut consulté ; sa réponse fut digne de la barbarie superstitieuse des temps. Il déclara, en effet, que Merem-Dida exigeait le sacrifice de la fille du roi, que cette jeune fille devait être enterrée vivante, et le fétiche dressé au-dessus de son tombeau. Le roi, autre Agamemnon, sacrifia sa fille à sa propre folie et au fanatisme de ses sujets : *Tantum potuit relligio suadere malorum.* A partir de ce moment, on assure que Merem-Dida resta debout.

L'Islam a pénétré par le Maroc et Tenboctou, dans l'empire des Fellatas, le Bornou et le Baguermi ; il est, au contraire, venu de l'Egypte ou du Hedjaz dans le Dar-Four et le Waday.

Il a pénétré dans ces Etats par voie de riçaleh ou apostolat, il ne s'y est point établi par la force des armes ; mais à peine convertis, ces Etats ont voulu en contraindre d'autres à les imiter, et leurs expéditions guerrières sont devenues plus nombreuses en acquérant le caractère de Djihad ou guerre sainte.

L'islam, adopté par un prince, est souvent accepté par tous ses sujets ou la plupart d'entre eux, en vertu de cette tendance qu'ont tous les hommes à imiter l'exemple de ceux qu'ils regardent comme plus éclairés qu'eux-mêmes; quelquefois aussi, la religion musulmane est imposée par un vainqueur orgueilleux des populations soumises ; dans ces deux cas, la foi, la piété des néophytes, ne sauraient être bien vives : il faut au fanatisme quelques générations pour naître et se développer. C'est pourquoi, dans le Baguermi. par exemple, il règne une grande tolérance ; les idolâtres y jouissent d'une sécurité complète, bien que les Baguermiens fassent sans cesse des razzias chez les Kirdi-Sara. Beaucoup d'Etats musulmans emploient des troupes idolâtres, et ne font en cela que suivre l'exemple de leur prophète, assez habile pour profiter toujours de tout ce qui pouvait le servir.

Missions.

Tandis que l'islamisme prend ainsi possession du centre de l'Afrique, le christianisme cherche, mais avec moins de succès, à se glisser dans la partie méridionale de ce continent. Les missionnaires Krapf, Rebman, Livington, y portent la religion de l'Evangile, trop épurée et trop austère peut-être pour des peuples aussi barbares.

Les missionnaires catholiques, d'un autre côté, cherchent à attirer à leur culte les peuplades sauvages du fleuve Blanc, plus avides de leurs verroteries que de leur parole.

Toutes ces missions, cependant, servent la science géographique, redevable, déjà, de tant de progrès, au dé

vouement audacieux et à l'intelligente activité des Jé-
suites.

L'ignorance des musulmans soudaniens fait qu'ils con-
fondent en général le christianisme, que les marchands
d'esclaves ont soin de leur représenter sous les plus
tristes couleurs, avec l'idolâtrie grossière de leurs voisins.
Pour eux, les idolâtres et les chrétiens ne font qu'un ; aussi
répondent-ils souvent à ceux qui les interrogent sur les
contrées de l'Afrique centrale, qu'elles sont peuplées de
chrétiens. Dans le mot composé de Kirdi-Sara, appellation des peuples limitrophes du Baguermi et du Bornou
dans le sud, Sara n'est autre chose que l'arabe Nsara
(chrétiens, sing. nousrani, nazaréen), légèrement défiguré.

Il est naturel que les Egyptiens ou les gens du Gharb,
inspirent de prime abord aux noirs plus de confiance que
nous. La figure, les mœurs, les idées des uns et des autres
ne diffèrent pas dans une assez forte mesure, pour amener
de la défiance et de l'éloignement, Le demi-savoir d'un
Egyptien frappe d'admiration le nègre ; la science de l'Eu-
ropéen l'étonne et l'effraie.

L'admiration des noirs est du reste acquise à ce qui le
mérite le moins. L'idée dominante, le sens philosophique
d'une religion, ne se révèlent point à eux ; ce qu'ils en
voient, c'est le détail, et plus ce détail est complexe, plus
il leur paraît merveilleux. Or, ce n'est pas par la pauvreté
des détails que pèche l'islam ; si cette religion n'a pas
admis des figures dans ses temples, elle a su compliquer
son dogme, et surtout les pratiques de son culte, d'une
multitude incroyable de subtilités et de minuties.

Ainsi l'ablution la plus simple exige l'accomplissement
successif de dix-neuf pratiques, dont cinq sont de pré-
cepte coranique, et quatorze de tradition prophétique, et
cette ablution est rendue nécessaire par onze sortes de

souillures différentes ; l'accomplissement de chacune des cinq prières journalières, dont l'instant précis est déterminé, exige quatre conditions.

Chaque prière se compose d'un nombre différent de rikats ou salutations, qui sont d'obligations divine, canonique ou imitative. Chaque rikat exige l'accomplissement de dix pratiques, dont l'importance n'est pas la même ; la prière, enfin, peut être invalidée, par douze accidents différents, et perdre une portion de ses mérites par un nombre bien plus considérable de petits oublis ou de petites fautes.

Il en résulte que le musulman, pour arriver à accomplir exactement ses devoirs religieux, est obligé de subir un noviciat assez long, ou de consulter à chaque instant des hommes qui se sont spécialement occupés de ces matières. Les docteurs des premiers siècles de l'hégyre, et surtout les fondateurs des quatre rites orthodoxes, n'ont probablement introduit, à l'abri du Coran et des traditions du prophète, tant de complications dans l'islamisme, qu'afin de se rendre indispensables ; ils ont légué leur privilége aux Eulémas, qui continuent à l'exploiter et jouissent d'un crédit, d'autant plus grand, que le peuple au milieu duquel ils vivent est plus ignorant.

Il est à remarquer que chez les peuples grossiers, la connaissance du dogme qui est rare, est estimée bien plus haut que la foi et que la piété, qui sont communes. Peut-être cela tient-il à ce que les croyants naïfs ne comprennent pas le doute, et prennent le sourire du sceptique pour une finesse dévote au-dessus de leur portée.

Au Caire, je parlais fréquemment religion avec mes informateurs noirs, et comme les dogmes, les préceptes, le culte de l'islam me sont familiers, je les leur faisais volontiers connaître ; souvent, cependant, je ne pouvais retenir quelques plaisanteries ; il m'était difficile, par exemple, d'expliquer sans en rire, que l'eau d'une citerne, où était tombé un rat, ne pouvait servir aux ablutions, qu'après qu'on en avait retiré trente seaux, et qu'il en fallait puiser soixante, pour rendre pure l'eau dans laquelle était tombé un pigeon. Mes Soudaniens, cependant, pleins d'admiration pour ces conceptions étranges, ne croyaient pas que j'en pusse rire de bonne foi, et me regardaient comme un père de l'islam ; j'aurais pu brûler le Coran devant eux, sans perdre une si belle réputation, tant la foi du vulgaire est aveugle et entêtée.

Ignorance.

Les Soudaniens ne connaissent l'écriture que depuis qu'ils ont recu, avec le Coran, l'alphabet arabe ; ils en ont fait usage pour transcrire, avec plus ou moins de perfection, leurs propres idiomes ; l'alphabet arabe est peu propre à la représentation des langues étrangères ; malgré la richesse apparente que lui donnent ses vingt-huit lettres, il est pauvre et mal conçu. Quoi qu'il en soit, presque tous les peuples du Soudan lui sont aujourd'hui redevables de la création de quelques essais littéraires, tels que chansons et chants de guerre, chroniques, traductions du Coran, etc.

Quelques peuples soudaniens ont également reçu des Arabes la numération décimale : ce sont les Fellatas et les Fouriens. Ce fait remarquable, dont je fournirai dans un prochain travail la démonstration, est un exemple de plus de la facilité avec laquelle une langue s'approprie les formes ou la grammaire d'une autre langue ; rien n'est plus fréquent que cette hybridité, et rien ne prouve

moins la commune origine de deux peuples que l'analogie
de leurs méthodes grammaticales.

Peu capables de grands calculs, les Soudaniens n'avaient
point d'ère avant de connaître l'islamisme et ne faisaient
point le compte des années.

On retrouve toutefois encore chez les Fellatas, comme
chez les gens du Choa, une période de quatre années dont
chacune porte un nom différent ; cette division du temps
rappelle l'olympiade grecque et les systèmes péruvien et
mexicain, qui, à la vérité, étaient moins imparfaits.

C'est probablement la difficulté qu'éprouvaient les
premiers Romains à compter les années, qui les engagea
à planter chaque année, aux ides de septembre, un clou
d'airain dans la muraille du temple de Jupiter.

Les noirs qui fréquentent el Azhar, ont beaucoup de
peine à y apprendre même le peu qu'on y enseigne ; en
premier lieu, ils entendent peu l'arabe et surtout les ex-
pressions un peu relevées de cette langue, ce qui les em-
pêche de saisir le sens des paroles du professeur, auquel
il est assez indifférent d'être ou de n'être pas compris par
eux ; en second lieu, ils sont très-pauvres et ne peuvent
acheter de livres. Ils ont, à la vérité, la disposition de
ceux de la Mosquée, mais ces livres écrits sans méthode
et sans clarté, ne font qu'obscurcir encore leurs idées. J'ai
vu beaucoup de livres relatifs au dogme, aux préceptes,
à la jurisprudence de l'islam, et je n'en connais qu'un qui
soit à la fois méthodique, clair, exact et complet : c'est l'im-
mortel ouvrage de Mouradgeah d'Ohsson. Quiconque a lu
le tableau de l'empire ottoman, en sait plus long sur l'islamisme que s'il avait appris par cœur toute la bibliothèque
d'el Azhar ; la lecture des ouvrages originaux n'a d'autre
mérite à mes yeux que de permettre de traiter des matières
ascétiques avec les formes et le style qui leur conviennent.

IV.

MAGIE.

Magie médicale.

« *Magica*, dit Pline (1), *fraudulentissima artium,*
« *plurimùm in toto terrarum orbe, plurimisque sœculis in-*
« *valuit : Auctoritatem ei maximam fuisse nemo miretur,*
« *quando quidem sola artium tres alias imperiosissimas hu-*
« *manœ mentis complexa, in unam se redegit. Natam pri-*
« *mum e medicina nemo dubitat, ita blandissimis promissis*
« *addidisse vires religionis, ad quas maxime caligat huma-*
« *num genus; deinde miscuisse artes mathematicas.* »

Les superstitions antiques des Soudaniens étaient gros-
sières comme celles de tous les peuples primitifs; c'est
des Égyptiens et des gens du Gharb qu'ils ont reçu, à une
époque assez récente, la croyance aux magies noire et
blanche et aux prodiges de la sorcellerie.

Les magiciens étant les mandataires des dieux, des génies ou des démons, peuvent altérer le cours de la nature,
rendre malades les hommes sains, frapper de paralysie
ou de mort les natures les plus vigoureuses; il leur suffit,
pour cela, d'un coup d'œil, d'un signe, de l'accomplissement de quelque rite ou de quelque prière.

La maladie, née de cette influence, est rebelle à la médecine, et d'autant plus rebelle, que là où règne la magie, la médecine ne se montre guère. C'est donc à la magie

____

(1) L. XXX, ch. 1.

de guérir les maux enfantés par elle-même, et comme l'origine d'un mal est toujours suspecte, on confie aux sorciers le soin de guérir toutes les maladies.

Leurs pratiques sont d'une simplicité très-grande et d'une désespérante monotonie. Tantôt ils font avaler à leur dupe les cendres d'un papier couvert de pieuses invocations ou de signes cabalistiques ; tantôt ils écrivent dans le fond d'une tasse quelque verset du Coran, versent un peu d'eau dans cette tasse et la font boire aux malades ; tantôt enfin, ils appellent à grands cris les démons, les prient, les menacent, les injurient et les poursuivent de coups, jusque sur le corps du patient, dont ils écrasent la poitrine ou le front pour en chasser le malin esprit. On comprend sans peine que beaucoup de maladies échappent à des moyens curatifs aussi imparfaits ; on s'étonnera peut-être même d'apprendre qu'il en soit quelques-unes qui en éprouvent du soulagement ; il en est ainsi cependant, et la nature n'a pas tout le mérite de la cure, l'imagination du malade fortement frappée, son esprit renaissant à la confiance, l'amènent surtout. On l'observe fréquemment en Orient pour les fièvres intermittentes ; j'en ai vu moi-même plus d'un exemple. Bodin rapporte dans sa *Démonomanie* que Charles d'Escars, évêque de Langres et pair de France, étant tourmenté d'une fièvre quarte, fit appeler un guérisseur, qui, après quelques simagrées, lui dit : « *Fiez-vous en moy que vous estes guary.* » C'est la confiance en effet qui donne la guérison ; l'évêque de Langres n'en eut pas et conserva sa fièvre.

Sort.

Quelquefois les magiciens consultent le sort, pour savoir si le malade doit succomber ; dans le voisinage de l'Abyssinie, ils le font en jetant en l'air des osselets ou de petites pierres, qui doivent retomber d'une certaine façon : c'est l'astragalomantie.

Dans le reste du Soudan, ils tracent sur le sable diverses figures qu'ils effacent en partie sans les regarder ; ce qu'ils en ont laissé inspire leur réponse. M. Perron a expliqué les règles de ce tracement du sable (darb-er-raml), que ceux qui ont traité autrefois de ces matières, appelaient géomantie.

On consulte aussi le sort en ouvrant un livre au hasard, et cherchant un conseil dans les premières phrases qu'on y rencontre ; c'est ainsi que les Grecs et les Romains faisaient usage des sorts homériques et virgiliaques, et que les premiers chrétiens recouraient aux sorts apostoliques (*sortes apostolorum*), pratique condamnée par saint Augustin, et suivie encore de nos jours dans bien des parties de l'Europe ; les musulmans ont recours de même au Coran, bien que le Coran flétrisse les superstitions de cette espèce.

Trésors.

Tous les peuples paresseux et misérables sont adonnés à l'alchimie et à la recherche des trésors ; des mendiants déguénillés font, dans le Soudan comme dans tout l'Orient, profession d'enrichir les autres moyennant une faible aumône. L'Orient est empesté de livres qui enseignent les moyens de fabriquer l'or, ou décrivent minutieusement la situation des trésors enfouis sous la terre. On y lit que

dans telle mosquée, près de tel mur et sous telle pierre,
est enfouie, à une profondeur de tant de pieds, une somme
de tant de pièces d'or. Ce qu'il y a de plus étrange, c'est
que quelques niais, prenant ces indications au sérieux,
entreprennent des voyages et achètent la permission de
se livrer à des recherches toujours infructueuses. Peu à
peu cependant les orientaux se désabusent, et ces livres
mis au rebut, vont dans le Soudan faire de nouvelles
dupes, ou former de nouveaux imposteurs ; un fellata qui
s'était nourri pendant plusieurs années d'une pareille lecture, m'assurait l'hiver dernier, d'après ses livres, que la
Chambre de la grande pyramide de Gizeh, renfermait en
monnaie anglaise, toutes les richesses de Pharaon.

Métamorphoses.

Les sorciers du Soudan jouissent du pouvoir d'évo-
quer les génies, les démons ou les morts, ainsi que de la
faculté de se transporter instantanément d'un point à un
autre ; ils savent aussi se rendre invisibles, changer de
forme et opérer les métamorphoses les plus étranges.

Les Égyptiens, et particulièrement ceux du Saïd, sont
très-entichés d'erreurs pareilles ; ils croient par exemple
que l'âme des enfants nouveau-nés passe, pendant la
nuit, dans le corps des chats, qu'ils cherchent, pour
ce motif, à garantir de tout accident ; cette superstition, qui date sans doute des temps les plus reculés, a
dû être transmise aux Égyptiens modernes par leurs ancêtres. Ainsi les descendants d'un peuple grand dans les
arts, peut-être dans les sciences et dans la philosophie,
n'ont gardé de son héritage que les ruines qu'ils n'ont pu
faire disparaître, et que ces niaises impostures, que le vul-

gaire conserve à travers toutes les révolutions que la religion peut souffrir.

Les Grecs, comme les Indous, ajoutaient foi à des fables
pareilles, mais ils avaient su les rendre ingénieuses, et en
tirer de sages enseignements. Tout le monde se rappelle
l'histoire des compagnons d'Ulysse et celle de Lycaon, du
nom duquel on a tiré le terme de Lycanthropie, pour désigner le genre de métamorphose auquel il fut con-
damné. Hérodote nous assure que certains peuples se
changeaient en loups ; nos ancêtres barbares avaient la
même croyance, et les loups-garous n'ont peut-être pas
encore été chassés de toute l'Europe.

Les Romains des derniers temps de la République, et
ceux du siècle d'Auguste étaient plus éclairés : « *Homines*,
nous dit Pline, l. VIII, ch. 22, *in lupos verti, rursumque
restitui sibi, falsum existimare debemus : aut.credere omnia,
quæ fabulosa sæculis comperimus.* »

Saint Augustin assure que dans les Alpes, il existait, de
son temps, des sorcières qui métamorphosaient les voya-
geurs en ânes, et les contraignaient à porter leurs far-
deaux avant de leur rendre leur première forme.

Bodin trouve, de son côté, que la métamorphose de
Lucien et d'Apulée en ânes, est *vraisemblable*, et il cite, à
ce propos, le témoignage de l'inquisiteur Spranger, qui
rapporte qu'un marin anglais eut, à Chypre, une mésaven-
ture pareille, et ayant voulu retourner à bord de son na-
vise, fut fort maltraité de ses camarades, qui ne le recon-
naissaient point sous sa nouvelle forme.

Ibn Batoutah, qu'il faut souvent se garder de croire,
vit de ses yeux, en se rendant en Chine, un peuple de pro-
tées affranchis des besoins de la vie et dont le regard
donnait la mort.

Le Soudan, à ce que disent ses crédules habitants, est

encore le théâtre de métamorphoses innombrables ; seulement les Soudaniens, au lieu de se changer en loups, se changent en hyènes ; ce qui ne me paraît pas de beaucoup préférable.

Les magiciens du Soudan ne se bornent pas à exercer leur puissance sur des individus isolés ; je n'ai pas entendu dire qu'ils aient jamais métamorphosé des armées tout entières, mais l'on m'a assuré qu'ils pouvaient frapper de cécité ou de paralysie, les troupes ennemies à l'instant du combat.

« Les Russes, me disait un homme de Bornou,
« sont bien forts, puisque le sultan Abd-el-Medjid ne
« peut se faire payer par leur Kral le tribut qui lui est
« dû ? Eh bien si les Russes venaient dans notre pays, ils
« ne pourraient rien contre nous, nos sorciers n'auraient
« qu'à les regarder, pour leur faire prendre la fuite, ou
« faire tomber les armes de leurs mains ; s'ils entrepre-
« naient de tirer le canon contre nous, leurs boulets
« reviendraient sur eux, par la seule volonté de nos en-
« chanteurs. »

A ce discours et à des discours pareils, je répondais :
« Les Européens ont eu les mêmes opinions et les ont
« abandonnées en s'éclairant ; ce qui en prouve la fausseté.
« Si les Européens envahissaient votre pays, ce ne sont pas
« les enchanteurs qui les en chasseraient, mais le climat qui
« les y consumerait rapidement ; ils ne sauraient, sans
« péril pour eux-mêmes, aspirer à devenir vos maîtres ;
« ils ne se rapprochent de vous que dans le but d'établir
« des relations qui vous seront profitables ; ils ne sau-
« raient vous inspirer de méfiance ; vous n'avez à redou-
« ter que vos coreligionnaires. »

Talismàns.

Les magiciens, spéculant sur la crédulité et la peur, vendent des talismans de diverse nature ; quelquefois ces talismans sont des versets ou des chapitres courts du Coran, écrits par un fakih, sur un petit morceau de papier plié ou roulé avec soin, puis enfermé dans une enveloppe de cuir, de bois ou d'ivoire ; on trouve même, en Orient, des Corans tout entiers écrits sur de petits feuillets octogones, et pouvant se placer dans un étui à peu près cylindrique, que l'on attache au bras un peu au-dessus du coude.

Les anciens connaissaient l'usage des talismans ; les Egyptiens portaient l'œil mystique d'Horus, les Romains l'*amuleta* ou le *fascinum* ; d'autres, un noyau de datte poli, comme les Napolitains portent encore de petites mains ou de petites cornes de corail ou de métal, et comme les Orientaux placent encore sur leurs portes l'empreinte d'une main ouverte, ou les mots *ma cha allah* (ce qui plaît à Dieu), qui correspondent pour l'usage qu'on en fait à l'ancienne locution française *je me doubte.*

Saint Augustin condamnait l'usage des talismans en général, et celui des ligatures écrites en particulier.

L'islamisme a proscrit souvent en vain et a fini par tolérer ces pratiques ; les musulmans instruits de leur religion font un grand mépris de ces superstitions, les autres s'en montrent fort entichés. L'ignorance des Soudaniens les y enchaîne ; j'en ai connu un, cependant, natif de l'Afnou, et chef de chambrée des étudiants noirs à el Azhar, qui n'y ajoutait aucune foi et déplorait énergiquement la crédulité de ses compatriotes.

Accusation de magie.

L'islamisme, qui tolère la magie blanche, se borne à décrier la magie noire, à blâmer ses adeptes et à éclairer ses dupes; il n'a jamais eu recours aux exorcismes, ni à ces poursuites féroces, dont le récit souille notre histoire. Les Juifs, les Romains et nos aïeux, se montrèrent, à cet égard, trop faciles à surprendre, trop ardents à frapper; leur esprit, aveuglé par la crainte, voyait partout des sorciers, et en voyait un tel nombre, que les poursuites les plus acharnées devaient paraître insuffisantes.

Tous les hommes éminents, à quelque titre de l'antiquité et du moyen-âge, furent suspects de sorcellerie; leur génie, leur fortune, leur vertu même, avaient été par eux achetés de Satan au prix de leur âme. Le pape Silvestre II passa lui-même pour sorcier, et lorsque Charles IX exigea du sorcier Trois-Echelles la révélation de ses complices, Trois-Echelles déclara qu'il en pouvait désigner [trois cent mille en France. Le roi, intimidé par la multitude des coupables, se contenta d'en faire arrêter un petit nombre.

Les accusations de magie, reposant sur des présomptions et des indices vagues, menaçaient tout le monde, mettaient la liberté et la vie de chacun à la merci d'un juge dont la religion pouvait être surprise. C'est ainsi que la jalousie et les intrigues d'une petite ville conduisirent au bûcher l'infortuné Urbain Grandier.

Moralité des noirs.

Les Soudaniens, soumis à une religion qu'ils connaissent mal, aveuglés par mille superstitions, sont cependant plutôt bons que méchants; ils ont les défauts et les vertus de tous les peuples barbares; naturellement vaniteux, ils

sont colères et violents, portés à abuser de la force, et à
faire souvent peu de cas de la vie humaine ; cependant ils sont prompts à s'apaiser, faciles à conduire et à
diriger ; ennemis de la ruse, à peu près ignorants de la
trahison, et à ce point de vue, ils sont moralement bien
supérieurs aux Turcs, aux Arabes et aux Persans; ils sont
serviables , hospitaliers et généreux ; leur délicatesse est
remarquable et contraste singulièrement avec l'improbité
des Orientaux.

Chansonnage.

Etant au Caire, je parlais un jour de cette différence
morale à un Soudanien , et je lui demandais s'il en
soupçonnait la cause : « Je la connais, me dit-il; le peuple
« Egyptien est misérable, opprimé et dès lors corrompu.
« Ici chacun ne songe qu'à s'enrichir pour se soustraire à
« l'oppression et satisfaire ses penchants vicieux ; per-
« sonne ne blâme celui qui vise à la fortune, ni ne s'a-
« muse à discuter les moyens qu'il emploie pour y arriver.
« S'il réussit, on le dit un homme habile (chater), et s'il
« échoue, on le plaint. Il en est autrement parmi nous :
« celui qui commet une action vile, se trouve couvert, à
« l'instant, de ridicule et d'infamie ; les filles esclaves qui
« travaillent dans nos maisons, celles surtout qui encom-
« brent les cours des habitations princières ou royales,
« composent de suite une chanson ou un bout-rimé, qui
« désigne le coupable au mépris public, et le chantent en
« cœur pendant la durée de leur travail ; la chanson passe
« d'une maison à l'autre, d'un village aux autres villages,
« et celui qui en est l'objet se voit contraint à quitter le
« pays. C'est pourquoi celui d'entre nous qui, traversant
« une forêt, trouve sur sa route un objet égaré , se garde

« de le ramasser, même pour le remettre à celui qui l'a
« perdu ; il se borne à en observer exactement la place, et
« arrivé au terme de son voyage, il fait simplement con-
« naître qu'en tel lieu, il a rencontré tel objet ; c'est au
« propriétaire seul qu'il appartient de ramasser son
« bien. »

Les filles du Soudan ne chansonnent pas que des vo-
leurs ; elles poursuivent encore de leurs bouts-rimés sati-
riques les guerriers inhabiles ou poltrons et les héros ennemis. Les chefs, d'ailleurs, ont tous quelque chanson
louangeuse et quelque chanson satirique, plus ou moins
analogue à celles qu'on chantait aux triomphes de César.
Le Kanemi a été tourné en ridicule par les Fellatas, dans
des productions de cette espèce ; j'en publierai bientôt un
échantillon.

Cette coutume de chansonner les gens est encore plus
dans le génie de la race noire que dans celui des Arabes et
des autres peuples ; elle se retrouve dans les colonies où
le travail des noirs est employé. Les noirs y chansonnent
toujours quelqu'un : tantôt un planteur trop avare, tantôt
une fille trop coquette, et bien peu de réputations résis-
tent à cette expression perpétuelle des sentiments popu-
laires, qui, dans une autre mesure et sous des formes plus
ingénieuses, a joué un rôle actif dans les révolutions de
notre pays, surtout aux époques de la ligue et de la
fronde.

Par bien des points, l'homme primitif et l'homme vrai-
ment civilisé, se ressemblent : l'un est ignorant de l'erreur,
l'autre en est dégagé ; le premier vit dans l'innocence, le
second retourne à la vertu, et cette philosophie stoïcienne,
rude école de tant de grands hommes, la plus haute et la
plus pure doctrine peut-être, à laquelle l'esprit l'humain,
privé de tout secours, mais libre de toute entrave, ait pu

s'élever, n'en retrouvons-nous pas quelque rudiment chez l'homme de la nature. Cette fermeté d'âme dont il fait sa première vertu, n'est-ce point l'*apatheia* des hommes du portique, et la noble indifférence de ces grands Romains qui, du haut de leur courage, défiaient le crime en souriant à la mort.

Cte D'ESCAYRAC DE LAUTURE.

Orléans, Imp. Colas-Gardin,

OUVRAGES DU MÊME AUTEUR

En vente à Paris, chez

J. DUMAINE,
Rue et passage Dauphine, 30.

F. KLINCKSIECK,
Rue de Lille, 11.

ET

ARTHUS BERTRAND, libraire de la Société de Géographie,
Rue Hautefeuille, 21.

Le Désert et le Soudan. 1 vol. grand in-8° de 628 pages, accompagné de 12 gravures sur bois, d'une carte des climats africains et d'une carte commerciale de l'Afrique, Nov. 1853; — prix 10 francs.

Mémoire sur le Ragle, où hallucinations du désert, adressé à l'Académie des Sciences, suivi d'un rapport présenté à cette Académie, par M. DUMÉRIL; in-8°, mars 1855.

De l'influence que le canal des deux mers exercera sur le commerce en général et celui de la mer Rouge en particulier; in-8°, mai 1855.

Mémoire sur le Soudan; in-8°, 1855-1856.

POUR PARAITRE PROCHAINEMENT :

Essais de Philologie, examen de 12 langues Africaines.

OUVRAGE DE M. THIBAUT.

Expédition à la recherche des sources du Nil, 1839-1840, journal de M. THIBAUT, publié par les soins de M. le Cte D'ESCAYRAC DE LAUTURE; in-8°, 1856.